BEI GRIN MACHT SICH IHR WISSEN BEZAHLT

- Wir veröffentlichen Ihre Hausarbeit,
  Bachelor- und Masterarbeit

- Ihr eigenes eBook und Buch -
  weltweit in allen wichtigen Shops

- Verdienen Sie an jedem Verkauf

Jetzt bei www.GRIN.com hochladen
und kostenlos publizieren

Bibliografische Information der Deutschen Nationalbibliothek:

Die Deutsche Bibliothek verzeichnet diese Publikation in der Deutschen National-
bibliografie; detaillierte bibliografische Daten sind im Internet über http://dnb.d-
nb.de/ abrufbar.

Dieses Werk sowie alle darin enthaltenen einzelnen Beiträge und Abbildungen
sind urheberrechtlich geschützt. Jede Verwertung, die nicht ausdrücklich vom
Urheberrechtsschutz zugelassen ist, bedarf der vorherigen Zustimmung des Verla-
ges. Das gilt insbesondere für Vervielfältigungen, Bearbeitungen, Übersetzungen,
Mikroverfilmungen, Auswertungen durch Datenbanken und für die Einspeicherung
und Verarbeitung in elektronische Systeme. Alle Rechte, auch die des auszugsweisen
Nachdrucks, der fotomechanischen Wiedergabe (einschließlich Mikrokopie) sowie
der Auswertung durch Datenbanken oder ähnliche Einrichtungen, vorbehalten.

Impressum:

Copyright © 2016 GRIN Verlag, Open Publishing GmbH
Druck und Bindung: Books on Demand GmbH, Norderstedt Germany
ISBN: 9783668333512

Dieses Buch bei GRIN:

http://www.grin.com/de/e-book/338718/fachgerechtes-wechseln-von-wendeschneid-
platten-unterweisung-industriemechaniker

Maximilian Bayer

Fachgerechtes Wechseln von Wendeschneidplatten (Unterweisung Industriemechaniker / Werkzeugmechaniker)

GRIN Verlag

GRIN - Your knowledge has value

Der GRIN Verlag publiziert seit 1998 wissenschaftliche Arbeiten von Studenten, Hochschullehrern und anderen Akademikern als eBook und gedrucktes Buch. Die Verlagswebsite www.grin.com ist die ideale Plattform zur Veröffentlichung von Hausarbeiten, Abschlussarbeiten, wissenschaftlichen Aufsätzen, Dissertationen und Fachbüchern.

Besuchen Sie uns im Internet:

http://www.grin.com/

http://www.facebook.com/grincom

http://www.twitter.com/grin_com

Unterweisungsentwurf zur Ausbildereignungsprüfung

Thema :

Fachgerechtes wechseln
von Wendeschneidplatten

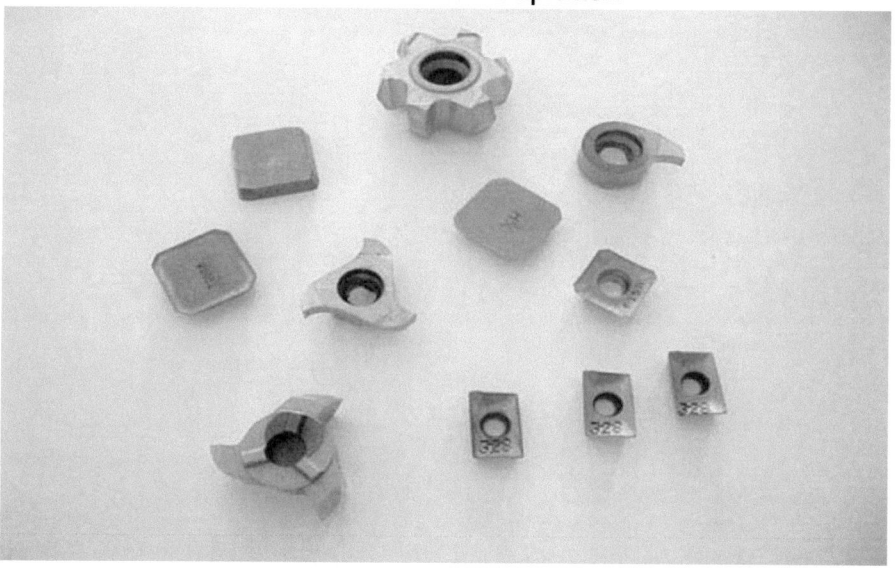

Name: XXXX XXXX

Schule: XXX XXX

Inhaltsverzeichnis

1. Unterweisungsthema :

Wechseln bzw. drehen von Wendeschneidplatten bei einem Fräswerkzeug (geschraubt).

1.1 Lernziel :

Der Auszubildende soll selbständig, unter Beachtung der Umwelt und Unfallverhütungsvorschriften, Schneidplatten wechseln. Außerdem sind die Qualitätsanforderungen an eine Wendeschneidplatte zu beachten.

1.2 Bewertungsmaßstab:

Das Ausbildungsziel ist erreicht, wenn der Auszubildende in der Lage ist, bei einem Fräswerkzeug alle Schneidplatten korrekt zu wechseln. Dabei ist auf Qualitätsanforderung, Umweltschutz und Unfallverhütungsvorschriften zu achten.

1.3 Ausbildungsberuf :

Werkzeugmechaniker /-in, Industriemechaniker /-in

1.4 Bezug zur Ausbildungsordnung

§18 Abs.1 Nr.8c

2. Lernzielstufen :

2.1 Richtlernziel :

Maschinelles Spannen

2.2 Groblernziel :

Fräsen

2.3 Feinlernziel :

Selbständiges wechseln bzw. drehen von Wendeschneidplatten
an einem Fräswerkzeug.

3. Ausgangssituation :

Alter und Geschlecht des Auszubildenden sind mir nicht bekannt. Der Auszubildende
trägt die entsprechende Sicherheitsbekleidung (Sicherheitsschu-
he/Arbeitshose/Kittel/T-Shirt). Der Auszubildende befindet sich im ersten Ausbil-
dungsjahr. Die Unterweisung findet in den Schulungsräumen der Ferdinand-Braun-
Schule statt.

4. Liste der zu verwendeten Arbeitsmittel :

- PVC Ablage
- Gummiwürfel
- Torxschlüssel
- Sammelbehälter für Wendeschneidplatten (alt)
- Wendeschneidplatten (alt)
- Wendeschneidplatten (neu)
- Lappen
- Fräswerkzeuge (3 Stück)

5. Unterweisungsmethode :

Die Unterweisung erfolgt in der 4-Stufen Methode
- 1.Stufe : vorbereiten
- 2.Stufe : vormachen und erklären
- 3.Stufe : nachmachen und erklären lassen
- 4.Stufe : selbständiges üben

5.1 Begründungen der Unterweisungsmethode:

Die 4-Stufen Methode wird angewandt, da dem Auszubildenden Fertigkeiten vermittelt werden sollen, bei denen es sich hauptsächlich um praktische Inhalte handelt.
Dem Auszubildenden wird praxisnah vermittelt, wie eine Wendeschneidplatte gewechselt werden muss. Kenntnisse und Fähigkeiten, die selbständig erworben werden, werden sicherer und dauerhafter behalten, als solche, die auf passives Verhal-
ten oder auf Befehl basieren. Außerdem ist der zeitliche Ablauf gut planbar. Während
der Unterweisung wird das `pädagogische Prinzip der Fasslichkeit `angewandt z.B.
vom leichten zum schweren.

5.2 Lernzielbereiche :

5.2.1 kognitives Lernziel :

Der Auszubildende soll wissen, warum und wann eine Wendeschneidplatte getauscht werden soll. Er soll in der Lage sein, mit den Arbeitsmitteln richtig umzugehen und das Grundwissen wiedergeben.

5.2.2 affektives Lernziel :

Der Auszubildende soll die richtige Einstellung zum Umgang mit Wendeschneidplatten bekommen. Er soll Umweltordnungen und Unfallverhütungsvorschriften beachten.

5.2.3 psychomotorisch Lernziel

Der Auszubildende soll in der Lage sein, Wendeschneidplatten bei einem Fräswerkzeug selbständig zu wechseln und die Arbeitsmittel richtig nutzen.

6. Schlüsselqualifikationen :

6.1 Sozialkompetenz

- Umweltbewusstsein
- Selbständigkeit

6.2 Methodenkompetenz

- Entscheidungsfähigkeit
- Bewertungsfähigkeit

6.3 Fachkompetenz

- fachliche Fertigkeiten
- fachliche Kenntnisse

7. Ablauf der Unterweisung (4 –Stufen Methode)

7.1 1.Stufe (vorbereiten)

Unterweisungsplatz vorbereiten und Arbeitsmittel bereitstellen!
- Der Arbeitsplatz wird sauber vorbereitet und alle benötigten Arbeitsmittel werden dem Auszubildenden bereitgestellt!

Begrüßung des Auszubildenden und gegenseitige Vorstellung!
- Ausbildender und Auszubildender stellen sich gegenseitig vor.

Hemmungen nehmen!
- Kurzer ´´small-Talk `` um das Vertrauen des Auszubildenden zu gewinnen und um ihm die Befangenheit zu nehmen.

Thema der Unterweisung nennen!
- Das Thema der Unterweisung ist das wechseln bzw. drehen von Wendeschneidplatten bei einem Fräswerkzeug, unter Berücksichtigung der Unfallverhütungsvorschriften und den Umweltvorschriften.

Lernziel nennen!
- Selbständiges wechseln bzw. drehen von Wendeschneidplatten bei einem Fräswerkzeug.

Interesse wecken und motivieren!
- Sorgfältiges arbeiten mit Wendeschneidplatten ist die Voraussetzung für eine gute Qualität der Werkstücke.
- Zeitersparnis durch Werkzeuge mit Wendeschneidplatten, da die Platten direkt an der Maschine gewechselt werden können.
- Kostenersparnis durch Werkzeuge mit Wendeschneidplatten, da nur die Platten getauscht werden müssen.

7.2 2.Stufe (Vormachen und erklären durch den Ausbilder)

7.2.1 Teilschritt A (vermitteln von Grundwissen)

Fräsmaschine:
- Damit der Azubi den Einsatz einer Wendeschneidplatte besser versteht.

Unterschiedliche Werkstoffe:

- Damit der Azubi die Notwendigkeit versteht, warum Schneidplatten gewechselt werden müssen.

Unterschiedliche Schneidstoffe:
- Der Azubi soll erkennen, dass unterschiedliche Materialien bearbeitet werden.

Unterschiedliche Schneidplatten (Geometrie + Form + Schneiden Zahl):
- Damit der Azubi versteht, dass mit dem Fräswerkzeug unterschiedliche Konturen hergestellt werden können.

Unterschiedliche Befestigungsarten (geklemmt + geschraubt):
- Der Azubi soll erkennen, dass Schneidplatten auf unterschiedliche Weise befestigt werden

7.2.1.1 Lernzielkontrolle:

Frage 1: Welche 2 unterschiedlichen Befestigungsarten gibt es?
- Antwort: Es gibt die Möglichkeiten eine Wendeschneidplatte zu schrauben oder zu klemmen.

Frage 2: Warum benutzt man unterschiedliche Schneidstoffe?
- Antwort: Unterschiedliche Schneidstoffe werden benutzt, um verschiedene Materialien zu bearbeiten.

7.2.2 Teilschritt B (vorstellen und erklären der Arbeitsmittel)

Unterlage aus PVC 500 mm x 300 mm:
- Die Arbeitsunterlage dient zum Ablegen von Fräswerkzeugen , damit die Schneidplatten nicht beschädigt werden.

Würfel aus Gummi mit 11Öffnungen:
- Der Gummiwürfel dient zum Abstellen von Fräswerkzeugen.

Fräswerkzeuge:
- Werden zum Vormachen, Nachmachen und Üben verwendet:

Wendeschneidplatten:
- Zum Austauschen am Fräswerkzeug

Torxschlüssel:
- Zum Lösen und Befestigen der Torxschraube.

Torschraube
- Dient zum Befestigen von Schneidplatten

Sammelbehälter
- Zum Sammeln von gebrauchten Wendeschneidplatten.

Lappen:
- Zum Säubern des Plattensitzes

7.2.2.1 Lernzielkontrolle:

Frage 1: Nennen sie mir die Arbeitsmittel und Beschreiben sie mir Sinn und Zweck!
- Antwort: Siehe oben.

7.2.3 Teilschritt C (Begleitendes wissen UVV + Unfallverhütungsvorschriften)

Unfallverhütungsvorschriften bei einem Fräswerkzeug:
- Werkzeug nicht an den Schneidplatten greifen , nicht nachgreifen

UVV Torxschlüssel:
- nur zum Öffnen bzw. Lösen von Schrauben benutzen.

Umweltvorschrift bei einer Wendeschneidplatte:
- Schneidplatte immer in die dafür vorgesehenen Behälter werfen.
-
Umweltvorschrift: Umgang mit ölverschmutzten Lappen:
- Ölverschmutzte Lappen immer in speziell dafür vorgesehen Behälter werfen.

7.2.3.1 Lernzielkontrolle:

Frage 1: Was ist zu beachten, beim Umgang mit ölverschmutzten Lappen?
Antwort: Ölverschmutzte Lappen müssen in speziell dafür vorgesehene Behälter entsorgt werden!

Frage 2: Was geschieht mit benutzten Wendeschneidplatten?
Antwort: Die Platten werden in Sammelbehältern gesammelt und recycelt!

Frage 3: Was ist zu beachten beim Umgang mit einem Fräswerkzeug, hinsichtlich der Unfallverhütungsvorschriften?

Antwort: Das Fräswerkzeug darf nicht an den Wendeschneidplatten gegriffen werden und man soll nicht nachgreifen wenn es herunterfällt!

7.2.4 Teilschritt D (Handlungsablauf)

Das Fräswerkzeug in den Gummiwürfel stellen!
- Fräswerkzeug an der Aufnahme greifen und mit dem Spannkegel nach unten, in den Gummiwürfel stellen!
- Schneidplatten werden gegen Bruch geschützt und das Fräswerkzeug befindet sich in einer stabilen Lage um den Schneidplattentausch vorzunehmen.

Die zu wechselnde Wendeschneidplatte auf ca. 6 Uhr positionieren!
- Die Wendeschneidplatte durch Drehen des Fräswerkzeugs auf die vorgesehene Position bringen!
- Steht die Wendeschneidplatte nicht auf der vorgesehenen Position, kann der Wendeschneidplattensitz schlecht auf Beschädigung oder Verschmutzung geprüft werden.

Prüfen ob die Wendeschneidplatte stumpf ist!
- Die Wendeschneidplatte wird durch Sichtprüfung kontrolliert, ob diese gewechselt werden muss!
- Eine unbenutzte oder intakte Wendeschneidplatte muss nicht gewechselt werden.

Sofern ein Austausch erforderlich ist, Torxschraube herausdrehen und Wendeschneidplatte entnehmen!
- Wendeschneidplatte mit dem Daumen und Zeigefinger festhalten und die Torxschraube mit dem dafür vorgesehenen Schlüssel lösen!
- Wendeschneidplatte und Torxschraube herausnehmen!
- Bei einer geschraubten Wendeschneidplatte muss die Torxschraube komplett entfernt werden, da sie sonst nicht getauscht werden kann.

Wendeschneidplatte säubern und kontrollieren ob alle schneiden verbraucht sind!
- Wendeschneidplatte mit dem Lappen reinigen und Sichtprüfung, ob alle Schneiden benutzt wurden!
- Wenn alle Schneiden verschlissen sind, wird eine neue Wendeschneidplatte eingesetzt.

Den Wendeschneidplattensitz säubern und auf Beschädigung überprüfen!
- Wendeschneidplattensitz mit Lappen Reinigen und Sichtprüfung ob Plattensitz beschädig!.
- Ein beschädigter Plattensitz bietet der Wendeschneidplatte keinen sicheren halt. Es besteht die Gefahr, dass das Fräswerkzeug beim nächsten Eingriff beschädigt wird.

Neue Wendeschneidplatte einsetzen!
- Wenn nicht alle Schneiden verbraucht sind, Schneidplatte drehen! Torxschraube anlegen und Schraube mit ca. 1/4 Drehung festziehen!
- Nur so ist gewährleistet, dass die Wendeschneidplatte einen genauen und festen Sitz im Werkzeug hat.

Prüfen ob alle Platten richtig gewechselt wurden!
- Sichtprüfung ob alle Platten gedreht bzw. gewechselt wurden.
- Nur eine ordnungsgemäß gewechselte Wendeschneidplatte garantiert die Qualität eines Werkstückes.

7.2.4.1 Lernzielkontrolle:

Frage: Warum soll man das Fräswerkzeug auf ca.6h drehen?
Antwort: Damit man den Plattensitz auf Beschädigung und Verschmutzung prüfen kann.

Frage: Warum muss der Plattensitz gesäubert werden?
Antwort: Nur ein sauberer Plattensitzt gewährleistet der Wendeschneidplatte einen sicheren Halt

7.3 3.Stufe (nachmachen und erklären durch den Azubi)

Aktivität des Ausbilders :

Der Ausbilder beobachtet den Handlungsablauf des Auszubildenden und macht gegebenenfalls auf Fehler aufmerksam. Der Ausbilder gibt dem Auszubildenden bei Bedarf Hilfestellungen. Der Ausbilder weist darauf hin, dass der Auszubildende nicht verstandenes hinterfragt.

Aktivität des Auszubildenden :
Der Auszubildende macht den Handlungsablauf selbständig nach und erklärt dem Ausbilder mit eigenen Worten sein tun und handeln.

7.4 4.Stufe (wiederholen und festigen)

Aktivität des Ausbilders :
Der Ausbilder beobachtet den Handlungsablauf des Auszubildenden, schreitet gegebenenfalls ein und steht dem Azubi als Lernberater zur Seite.

Aktivität des Auszubildenden :
Der Auszubildende macht den Handlungsablauf ohne Kommentar selbständig nach.

8. Gesamtkontrolle:

Frage : Was geschieht mit verbrauchten Wendeschneidplatten?
Antwort: Verbrauchte Wendeschneidplatten werden gesammelt und
recycelt (wiederverwertet)

Frage: Woran erkennt man eine verbrauchte Schneidplatte?
Antwort: Schneiden sind ausgebrochen

Frage: Warum werden Unterschiedliche Schneidstoffe benutzt?
Antwort: Mit unterschiedlichen Schneidstoffen können
unterschiedliche
Materialien bearbeitet werden.

BEI GRIN MACHT SICH IHR
WISSEN BEZAHLT

- Wir veröffentlichen Ihre Hausarbeit,
  Bachelor- und Masterarbeit

- Ihr eigenes eBook und Buch -
  weltweit in allen wichtigen Shops

- Verdienen Sie an jedem Verkauf

Jetzt bei www.GRIN.com hochladen
und kostenlos publizieren